Käthe

8 Jahre jung,

sehr ok,

reimt nie

Reim-Fee

508 Jahre alt,

streng,

reimt am besten

Schlampir

517 Jahre alt,

etwas schlampig,

reimt, wenn er kann

Aus Verantwortung für die Umwelt hat sich der Fischer Kinder- und Jugendbuch Verlag zu einer nachhaltigen Buchproduktion verpflichtet. Der bewusste Umgang mit unseren Ressourcen, der Schutz unseres Klimas und der Natur gehören zu unseren obersten Unternehmenszielen.

Gemeinsam mit unseren Partnern und Lieferanten setzen wir uns für eine klimaneutrale Buchproduktion ein, die den Erwerb von Klimazertifikaten zur Kompensation des CO_2-Ausstoßes einschließt.

Weitere Informationen finden Sie unter: www.klimaneutralerverlag.de

Weitere Informationen zum Kinder- und Jugendbuchprogramm der S. Fischer Verlage finden Sie unter: www.fischerverlage.de

FSC
www.fsc.org
MIX
Papier aus verantwortungsvollen Quellen
FSC® C043106

Erschienen bei FISCHER Sauerländer

Fachberatung: Madeline Riedel
Layout und Satz: Michelle Vollmer, Mainz
Umschlaglayout: Julia Astrup, Wees

Druck und Bindung:
Grafisches Centrum Cuno GmbH & Co. KG, Calbe
Printed in Germany
ISBN 978-3-7373-6203-0

Christian Seltmann

REIMHART REIMWOLF

Dicke Luft in der Schlampir-Gruft

mit Bildern von Dirk Hennig

SAUERLÄNDER

OH!

Draußen kippt es wie aus Kübeln.

Mama ist am Bügeln.

Dennis langweilt sich ganz übel.

Da kommt ihm eine Idee:

Dennis steigt zum Speicher rauf.

Schnauf!

Mann! Ist es hier finster,

modrig,

eklig.

Und bestimmt gibt es auch Spinnen.

In einer verstaubten Ecke

steht eine alte Truhe.

Dennis ist mutig.
Eigentlich,
doch jetzt, ja,
da fürchtet er sich.

Er murmelt:
„Ich werde von der Truhe
wie magisch angezogen.
Ungelogen!“

Es rumpelt in der Kiste.

Hilfe!

Kreisch und Aaaah!

Ist wer da?

Dennis springt wie angestochen.
Doch weil sich nichts tut,
kommt er wieder angekrochen.

Deckel auf!

Was ist das?

Ein altes Buch,

ein böser Fluch?

Dennis macht sich fast die Hose nass.

Trotzdem kann er es nicht lassen,

öffnet das Buch und

heraus springt …

Er kann's nicht fassen.

Reimhart!
Nicht Klassenfahrt.
Nicht Backenbart,
ganz schlicht und …

Reimhart ist 11,

genauer gesagt 311.

Denn Reimhart ist ein Reimwolf.

Ein Reimwolf, der in diesem Buch

und in dieser Kiste

nun seit 300 Jahren

gefangen gehalten wird.

Reimhart hüpft:

„Du hast mich befreit.

Wie heißt du,

liebster, bester Freund?“

„Dennis“, sagt Dennis

und wartet.

„Was bist du für einer?“,

fragt er dann.

Reimhart sieht ihn

fragend an.

Dennis versucht es gleich noch mal:
„Haariges Wesen aus der Kiste,
ich frage dich, was biste?“

Reimhart grinst:
„Ein Reimwolf ist ein Werwolf,
der hören und verstehen kann,
wenn man in Reimen spricht …“

Reimhart ist echt abgedreht.
Von früh bis spät
nichts als Grütze in der Birne,
Matsch, wo andre haben ihre Hirne.

Da kommt das Mädchen
aus dem 1. Stock:
„Was machst du hier?“

Dennis erschrickt:
„Oh, nein, das ist Käthe!
Sie hat ne Stimme wie ne Trompete,
Käthe Trompete!“

„Schöne Fremde,
reich mir deine Hände",
flötet Reimhart.

„Wer ist er denn?",
fragt die Käthe.
Doch weil sie nicht reimt,
kann Reimhart
sie leider nicht verstehen.

Auf einmal:

Bumm!

Sie gucken dumm

und

alles dreht sich um sie rum …

BOAH!

Es knallt, es zischt,
sie stehen im Garten,
kerzengrade,
wie die Spaten.
Da im Rasen liegt ein Buch.
Käthe grabscht danach!
Dennis warnt: „Vielleicht ein Fluch?“

Aus dem Buch steigt eine Frau,
wie ein Geist aus einer Flasche.
Schön ist sie
und auch ein bisschen gruselig.
„Was bist du denn für ne Tante?“,
trompetet Käthe.
Die Frau macht eine Bewegung
mit der Hand:
„Meine liebe Käthe,
halt mal die Trompete.“
Käthe verstummt.

Reimhart glotzt:
„Du bist
die Herrin aller Wesen.
Man kann dich
nur in Reimen lesen.“

Dennis staunt:
„Was? Du kennst die Frau?
Reimhart!
Mach mich schlau.“
„Klar!“,
meint Reimhart.
„Wir sind gute
alte Bekannte,
ich und die
magische Tante.“

Die Fee lacht,
dass es nur so in den Ohren kracht.
Dann breitet sie die Flügel aus
und fliegt ne Runde übers Gartenhaus.

Ahhhhhh!

Da ruft die Fee:
„Wir sind
gereimte Fabelwesen.
Kurz gesagt: Man kann uns lesen.“

Sie landet,
klappt die Flügel ein:
„Ich hab ne wichtige Mission
für drei.“

Die Fee fährt fort:

„Ihr müsst von nun an anderen helfen.

Ihr werdet tolle Wesen sehen.

Geschöpfe, grausig und auch schön.

Hexen, Zwerge, sogar Elfen …“

Dennis staunt:

Die Fee jetzt einen Kreisel dreht,
dem Dennis nun ein Licht aufgeht.
Die Fee, sie ist die Fee der Reime
und eine Zauberin wie keine.
Dennis nickt: „Das schaukeln wir."
Und fügt hinzu: „Das sag ich dir!"

Die Fee ruft:
„Bravo! Heute rettet ihr
den etwas schlampigen
Schlampir."

Die Fee nun schnippt.

Der Boden kippt.

Im Gebirge tauchen auf:

Dennis, Reimhart und Käthe kurz darauf.

NEIN!

Sie stehen auf den Zinnen
einer Ritterburg.
Reimhart schlottert.
Das ist voll
gruselig,
scheußlich,
arg.
So, wie
es jedes Monster mag.

Da kommt er schon, der Schlampir.
„Hi! Was wollt ihr hier?“

„Der Flattermann!
Ich frag mich,
ob der reimen kann?“,
fragt Reimhart.

„Leider nein. **Ähm.**
Ohne Zähne keine Reime!“,
stammelt der Schlampir.
Reimhart versteht kein Wort.
Dennis staunt.

Da fragt Käthe:

„Wo sind die Zähne?“

„Von wem?“, fragt der Schlampir.

„Von dir!“

„Von dir?“

„Nicht von mir“, sagt Käthe.

„Nicht?“

„Nein“, sagt Käthe.

„Häh?“, sagt der Schlampir.

„Oh Mann, Alter!“, sagt Käthe.

AUWEIA!

Da sind eklige Viecher
mit stinkenden Ohren.
Viecher,
die sich am liebsten mit
Zahnbürsten anderer Leute
tief in den Ohren bohren.

Dennis und Reimhart
finden die beinhart
und schrecken zurück.
Käthe aber, die zuckt kein Stück.

Käthe hingegen, die zückt,
voll verrückt,
ein fettes Schwert
irgendwoher.
Das ist bestimmt schwer.

Sie schreit:

„He, ihr Bekloppten!

Wo sind die Zähne von dem

ollen Schlampir?“

Dennis glotzt.

Reimhart glotzt noch mehr.

Käthe aber motzt,

die motzt voll schwer!

Die ekligen Viecher
werfen sich nieder:
„Gebieterin, Gnade.
Wir geben dir all unsere
Milchschokolade."

Aber nix Zähne.
Kein Gebiss.
Keine Beißer.
So ein Mist!

WÜRG!

Es umweht sie modrige Luft.

Sie hocken in der Schlampir-Gruft.

Reimhart klagt:

„Wir haben alles schon gemacht.

Haben wir an irgendwas nicht gedacht?“

Käthe sagt:

„Hat mal einer unter dem Sarg

von dem Typ nachgeguckt?“

Dennis guckt und Reimhart weint.
Dennis erklärt, was Käthe meint.

Da kann Reimhart wieder lachen:
„Wir müssen Reime bringen,
die diese Zähne wiederbringen.“

In der Gruft stehen sie am Sarg.
Käthe rümpft die Nase arg.

Dennis schnüffelt:
„Was ist das für ein fauler Duft,
in der Schlampir-Ekel-Gruft?
Das stinkt voll ranzig hier nach Füßen
und faulen Früchten, reifen, süßen."

Reimhart ächzt:

„Du hast recht!

Von dem Geruch wird einem schlecht.

Schnüffel mal, riech noch genauer.

Dann finden wir des Schlampirs Hauer.“

Dennis zeigt auf die Zähne:
„Klugscheißer!“
Käthe trompetet:
„Wer sagt,
dass ich ein Klugscheißer bin?
Wenn überhaupt,
dann Klugscheißerin.“

Der Schlampir schiebt die Zähne
in den Mund.
Er lächelt
richtig scheußlich ungesund:
„Jetzt kann ich wieder Reime machen.
Da hat keiner nix zu lachen."

Es **knallt**, es **zischt**,

es **raucht**, es **stinkt**.

Und sie schon bei der Tante sind:

„Schlampir, alter Reim-Genosse,

reich mir doch mal deine Flosse!“

Der Schlampir und die Tante tanzen.

So krass antik.

So alt, so staubig.

Käthe könnte brechen, schaurig.

Jetzt ist die Geschichte zu Ende.
Hier geht's mit Rätseln für Reimprofis weiter!
Die Lösungen findest du auf der Rückseite.

1 Hilf dem Schlampir, seine Zähne zu finden!

RÄTSEL

2 Hilf Käthe beim Reimen!

- Es umweht sie modrige Luft,
- Sie ist die Fee der Reime
- Die Fee lacht,
- Sie gucken dumm,

- dass es nur so in den Ohren kracht. ✚
- sie hocken in der Schlampir-Gruft. ♥
- alles dreht sich um sie rum. ✿
- und eine Zauberin wie keine. ●

3 Finde weitere Reimwörter!

Gruft Luft

Fee Tee

Reim Beim

Hauer Mauer

LÖSUNGEN

1. Schlampir, Vampir, mir, wir, Klavier, Tier, vier
2. Es umweht sie modrige Luft, ♥; Sie ist die Fee der Reime ●; Die Fee lacht, ✚; Sie gucken dumm, ✿
3. Gruft – Luft – Duft – Schuft – Kluft …
   Fee – Tee – See – Klee – Zeh – Reh …
   Reim – Bein – Schleim – Leim – Stein – Schwein …
   Hauer – Mauer – Lauer – Bauer – Dauer – sauer …